ぱるるのおひとりさま論

島崎遥香

PARURU NO OHITORISAMA RON

大和書房

ぱるるのおひとりさま論

ひとりって、ゆっくり考えられるじゃないですか。
だから、生きてる実感が得られるんです。

おひとりさまの私たちには、

選択肢がたくさんある

って、思いませんか？

「そばに誰かいてくれたらいいのに……」と思うのは、

服の背中のチャックを上げてほしいときくらい。

私、みんなから好かれるタイプじゃないって、よく知ってます。だからみんなが敵に見えることもあった。

それでもひとりだけ味方がいたら、たぶん人生なんとかなります。99人が敵でも。

私はそうでした。
Love
it!

なんでもいろいろやってみたらいいじゃないですか。20代でも、30代でも。

向き不向きが知れるって、それだけでラッキーですよ。

shooting.

Let's Go

「でも」とか、「けど」という言葉を、
昔は不満の意味で使っていました。

それが最近になって、変わりました。

ネガティブな状況に対して、
「〝けど〟、こういう
プラスの面もあるよね」
という風に使えるようになったんです。

おひとりさまを
楽しく生きるヒントも、
このへんにあるんじゃないかな。

もっと、
自分のために

生きたらいいのに。

妥協したくないです。
無理もしたくないです。
そういう生き方も、
きっとできます。
ご利用上の注意
この扉は利用者以外が入らないように自動で閉まります。
ケガや事故がないように、以下に注意して下さい。

ぱるるのおひとりさま論

もくじ

CHAPTER 1

「おひとりさま」という考え方

CHAPTER 2

ひとりの過ごし方

CHAPTER 3

おひとりさまの便利な暮らし方

CHAPTER 4

おひとりさまの楽しい食べ方

CHAPTER 5

おひとりさまの悩みの乗り越え方

CHAPTER 1

「おひとりさま」という考え方

おひとりさまに向いている人とはどんな人で、私がどんなおひとりさまだったか。おひとりさまの良いところ、そうでないところは何なのか。どうしたら豊かな時間を過ごせるのか……。ここでは、そんな私なりのおひとりさま論を語ってみました。

1 私なりのおひとりさま論

なんで「おひとりさま」なんですか？

そもそも、私はひとりが向いているんですよね。

子どもの頃を振り返ってみても、歳の離れた弟が生まれるまでは、遊ぶのも塗り絵やパズルをすることが多くて、友達をつくるのも苦手でした。幼稚園に行くのも嫌で泣いていたし、行ったら行ったで先生に抱きかかえられていたような記憶しかありません。

「たくさんの友達に囲まれて遊ぶ」という状況が楽しいと思えなかったんです。

でも、よく考えると「友達って何だろう?」と思いません?

1回しか会っていないのに友達になれる人もいるし、何度会ってもそうはならない人もいる。

自分で友達だと思っていない人からそう思われていることもあるし、反対に「私だけが友達だと思っていたらどうしよう」と思うこともある。

そう考えると、今でも「友達が多いです」とはやっぱり言えないんですよね。

逃げることだって時には必要

芸能というお仕事を始めてからも、そんな感じでした。みんなに好かれるタイプじゃないし、自分が苦手な相手に無理をして愛想良くすることもできなかった。

本当は、アイドルらしくニコニコできたら良かったんだけど、どうしても嘘がつけなかった。だから人間関係で苦労することも多かったし、みんなが敵に見えることもたくさんありました。実際、裏切られるようなこともたくさんあったし。でも不思議なことにいつも、不意に助けてくれる人が現れるんです。そういう人たちのおかげで、これまで人生なんとかなってきました。

私は、自分に合わない環境や人間関係ですごく悩んでいるなら、我慢しないで思い切って逃げてもいいと思っています。「それで全部なんとかなる」とは言えないけれど、逃げることだって挑戦だと思うんですよね。

逃げてしまう自分が嫌とも弱いとも思わなくていいんです。もっと強くなったほうがいいと過去に言われたことがあります。弱い私が嫌いだとも言われたこともあります。でも、他人にそんなこと言われてたまるかと思いました。弱くて何が悪い！　ひとりで夜逃げのように逃げだして、「助けて」とSOSを出す私は、そんなこと言ってくる人たちより何倍も強いんです。

ひとつだけ言えるのは、もし自分がずっと我慢してニコニコして嘘をつけるようなタイプだったら、苦手な環境も関係も切れないまま、今のように「おひとりさま」の生き方を楽しめなかったということです。

しんどい時もあるけど

おひとりさまって気楽なことばかりではありません。ひとりならではの大変なことも多いです。孤独を感じる時もあると思うし、仕事でモヤモヤを抱え込むこともあるだろうし。

でも、対処法はあります。この本では、おひとりさまならではの気持ちの発散の仕方も色々と語ってみました。

「おひとりさま」とは、選択権があること

いま、ひとりで過ごす時間が増えて、私のメンタルは昔より安定していると思います。

悲しくなったり、苦しくなったりするのって、だいたいはほかの誰かに嫌なことをされるからじゃないですか。ネガティブな言葉や行動、反応……それでマイナスの感情が生まれる。

でも、ひとりならば嫌な攻撃は避けられる。それに、ハッピーな感情ってひとりでもつくり出せますよね。お買い物したり、住まいにこだわってみたり、食事やエンタメを楽しんだり。

安定しているのには、もうひとつ理由があります。

それは、色々なことに選択権があること。選択権があるから、20代前後のように秒単位でなく、1年後、10年後に向けて、どんな自分でありたいかをゆっくり考えられるようになったんです。仕事だけではなく、生活のことも含めて自分のペースで考えられるようになりました。

いま、昔より「生きている」という実感があります。

Chapter 2から、各エッセイの終わりに
「おひとりさま」を楽しむためのアイテムなどを
紹介しています！　ぜひ参考にしてね。

CHAPTER 2

ひとりの過ごし方

おひとりさまがどう過ごせばいいのか、ということを語りました。愚痴を言いたい時はどうしたらいいか、自由に使える時間やお金にどう向き合うか。日々の過ごし方に迷っている人はぜひ読んでみてください。

2

孤独が生まれるのは、どんな時？

人それぞれの孤独

恋愛で失敗して孤独を感じる人もいれば、そもそも自分が孤独であることに気付かない人もいる。表面的に誰かと一緒にいたとしても、心の中がひとりぼっちだと、それもやっぱり孤独のひとつですよね。

話しても理解されない孤独はどうすればいい？

記憶がないくらい忙しかった頃、かなり深刻な体調不良があったんですが、それをずっと周りに理解してもらえませんでした。そういう時って、たとえ苦しさを打ち明けても、けっきょく伝わらないんです。見た感じは元気そうだし、とか言われて。そういう時に孤独を感じることはありました。実際、不調の理由が何か、自分でもまったくわからなかったんですよ。でも結局、親に連れていかれて心療内科に行くことになったんです。

親が、私の病名を先生に尋ねた時のことは、今でもよく覚えています。そうすると、先生は「病名というラベルを貼る必要はない」と言ってくれたんです。当時、仕事を続けることも心配されていたけど、それも大丈夫だと言ってくれました。ほかの先生がどう診断するのかはわかりません。でも、最近では精神的なつらさに対する症状の名前も増えてきているし、それを患者さんに言うことで安心させることだってできるじゃないですか。それなのに、必要ないものは必要ないとしっかり言ってもらえた時、「この先生についていこう」と思えたんです。結局、それから5～6年ほど通院していたのですが、おかげさまで無事治療が完了し、最初に抱えていた苦しさや孤独感は解消されました。

今でも、私は何の病名だったのか、知らないままです。それで良かったと思います。

友達と離れていってしまうのは、いけないこと？

もっと最近のことで言うと、私、２０２3年末ぐらいからずっと悩んでいたんですよ。今まで仲が良かった友達と離れていくようになってしまって。前は気にならなかったはずの相手のイヤな部分が目に付くようにもなって、これは自分の視野が狭くなって許せる範囲が少なくなったからだろうか、と悩んでいました。

でも、それを友達に相談したら「みんなそうですよ」と言ってくれたんです。それで気持ちが楽になりました。時間が経つにつれて、それぞれの価値観や環境、対人関係、生活レベル、何もかもが変わっていくのだから、たとえ仲が良かろうが気持ちが変化して行くのは仕方がないということ。

私の悩みも誰かの孤独も、「みんなそんなもんだよ」ということに気づけるかどうかだと思いました。

「みんなそんなもんか」と考えたあとで、どうするか

ただ「みんなそんなもんか」と思った後でどうするか、ですよね。受け入れるのか、切り捨てるのか。私はわりと、切り捨ててひとりになっていく方を選んでしまいがちなんです。

でもこの前、夜にふと「いや、このままだと本当に孤独になってしまうな」と思いました。今後は切り捨てすぎず、少しは受け入れてもみようと思います。

「誰かと会える」という選択権を持つおひとりさまと、それがない孤独は違うから。

部屋を見直してみる

最後に、もう少し具体的な解決方法を紹介します。部屋の広さです。自分の部屋を見回してみて「広すぎるかな」と感じるなら、それが寂しさの原因かも。実際に私は、心療内科に通院していた時、もう少し狭い部屋に変えたことで、寂しいという感情がなくなりました。

こう考えると、寂しさや孤独感を忘れる方法って意外とたくさんあると思いませんか？

Choice

ちょうどいい広さの部屋

もし寂しさを感じたら、変にものをたくさん買って増やしたりするより、思い切って引っ越したほうがいいと思います。

3 生き物と暮らすということ

生活リズムが変わった

ひとり暮らしの私ですが、今、家に帰ればわんちゃんが待ってくれています。毎日お散歩に行くので、生活リズムも健康的になりました。前だったら、お仕事で家を出る10分前まで寝ているようなこともざらだったのですが、今はお散歩があるので、最低でも1時間半は早く起きます。うちのわんちゃんは、走るのが大好きなんです。だから毎朝、お散歩という名のランニングをしています。

人生も、たぶん変わった

よくお喋りもしています。わんちゃんってどれくらい言葉を理解しているかはわからないけれど、声のトーンで飼い主の気持ちを理解できると私は思っています。だからできるだけ、落ち込んだ時も明るいトーンで話すようにしています。

そんなこともあって、わんちゃんと暮らして以来、前よりも気持ちが明るくなったんじゃないかな。犬と触れ合う時間が長い人ほど、「幸せホルモン」とも言われるオキシトシンがたくさん分泌されるらしいので、気のせいではないんですよね。

人生が変わったなと思います。守るものができて、この子より先に死ねない、と本当に思うようになりました。

一緒に暮らすために、大切にしたこと

わんちゃんとは、母がトリマーをやっているご縁で出会いました。そこで紹介してくれた方に私は、「成犬のわんちゃんはいますか?」と聞いて、実際に見てみたんです。それで「大きいわんちゃん、かわいい」と言っていた私を見た紹介者さんは、「本当に犬が好きなんだな、と思って安心した」そう。

「子犬がかわいいから」という理由でわんちゃんを飼いたくなる人はたくさんいると思います。でも、成犬の状態まで考えてから決心を固めたほうがいいです。

生き物と暮らす責任

わんちゃんって、とくにひとり暮らしの場合は、半端な気持ちでは飼えないです。将来のことも含めて考えないといけない。私はわんちゃんを選ぶ際、老犬に

なって歩けなくなった時に介護したり、抱き抱えて病院に連れて行ける限界の重さまでを考えて選んでいました。

それから、部屋を空けるのも長時間にならないようにしています。

お金と時間だけでなく、手間もかかります。私の場合、トイレを覚えさせるのが本当に本当に大変でした。正直、少しノイローゼになりかけたくらい。でも、ある時に私が仕事で長く家を空けなければならなくなって、母の知り合いのトレーナーさんのおうちにお泊りに行ったら、すぐにトイレを覚えて帰ってきたので、感動しながら、私の苦労はなんだったんだ……とも思いました（笑）。

わんちゃんに興味が出てきた人へ

これからわんちゃんを飼う人にアドバイスをするとしたら、「できるだけいっしょにいてあげてください」ということかな。

とくに、１匹だけ飼うのであれば、その子だって「おひとりさま」です。友達はたったひとり、飼い主だけ。できるだけそばにいられるよう、生活を工夫してみてほしいです。

そのぶん、きっと人生が豊かになりますよ。

Choice

朝の散歩

おかげで、早起きになりました。基本的にすごいスピードで引っ張られてばかりですが、ときどきはほかの飼い主さんとお話したりもします。大きくなりましたね、とかそんな他愛ない話ですが、ほっこり落ち着くひとときです。

4 おひとりさまとファッション

ひとりなら、パジャマのままで暮らせる

ひとりで家にいる時や、ちょっとした買い物に行く時は、だいたいパジャマのままです。おひとりさまなので、誰にも何も言われません。以前、パジャマで外出しているところを週刊誌に撮られたこともあります。それを私服だと勘違いされて「ぱるるの私服、やべぇ」となったこともあって、さすがにもう少し気を遣った方がいいかなと思ったこともあるけれど、結局、今も変わりません。

ひとりでないなら、ファッションに気を遣う

だから、ちゃんとした服を着るのは、人と会う時ですね。それか、はっきりした目的に合わせて服を選びます。

たとえばですけど、「いっぱい食べたい」という目的であれば、締め付けがないワンピースみたいな服にするし、好きなブランドにお買い物しに行くのであれば、そこのブランドのお洋服を着ていく。

一緒に出かける人に合わせることもありますよ。私は派手なファッションが好きですが、「この人と会うのに派手な服を着て行ったら引かれちゃうかな」と思ったら、もう少し落ち着いたものにします。そういうふうに、場所や人に合わせて服を選ぶのって、ごく普通の気遣いかなと思います。だってデートでジャージを着てこられたら、どう考えても「ないな」と思うじゃないですか。

でも、気遣いって面倒ですよね。だからやっぱりおひとりさまっていいな、と

思うんです。

ブランドについて思うこと

「いつも服を買うのはどこですか?」ともよく聞かれます。でも、あんまり頻繁に買わないんですよね。ついこのあいだ、二十歳の時に買った靴がやっと壊れたくらいです。

もちろん好きなファッションはありますよ。好みは昔から一貫していて、ポップで分かりやすいものが好きです。「このブランドだから買う」はないですね。

ブランドといえば、すぐ使わずに「寝かせて」から使う人もいるらしいんです。かっこいいなと思いました。いいものを買うって、そもそもそういうことじゃないですか。いま流行しているから、とか、いまあの人が着ている服より高いから、着るわけじゃない。

だから私は、好きな服を好きな時に着ています。もちろん、そのためにはお仕事を頑張らなければいけないけれど。最近、彼氏のカードでハイブラを買っている友人の話を聞いて、「そのすべてを自分で稼いだお金で買ってやる」と決心し、おひとりさまへの覚悟が強くなった私でした。

Choice

シャネル公式アプリ

一度アプリを見てしまうと欲しくなってしまうので、注意してください！

5 「化粧めんどい」問題を解決するには？

モチベーションがないと面倒くさいよね

プライベートでメイクするのは、本当に面倒くさいです。

会社に行くのに毎朝しなければならないというのも、本当に大変だと思います。

職場に好きな人がいるとか、わかりやすいモチベーションがないと頑張れないですよね。

私がメイクに積極的になれないのは、しっかりメイクをした自分の顔が好きになれないせいもあります。とくに気が進まないのはアイメイク。もともと目がきついのがすごくンプレックスで、アイメイクをしなくてもきつい印象なのがとても嫌なんですよね。

そんな理由もあって、コスメ自体にもそれほど興味がないまま、プライベートではいわゆる韓国コスメとかドラッグストアで買えるコスメを使っていました。それくらいこだわりがなかったんですよ。「それなりに色がつけばいいや」くらいの意識でした。

ディオールの衝撃!

でもある時、女の子のファンがディオールのパレットをプレゼントしてくれたんです。そして、それを使ったらびっくり。その瞬間の感動は今でも覚えています。コスメなんていらないと思っていた私が感動できたんです。

それからは、コスメについて色々と興味を持って調べています。

メイク方法などはインスタやＹｏｕＴｕｂｅで手軽に情報収集しながら、いいコスメがないか模索中です。

以前は、私にとってのメイクはお仕事スイッチで、メイクさんに仕上げていただくことでお仕事モードに入れる、というものでした。それが、ちょっとした出会いでこれほど意識が変わるなんて、と驚きです。

ちなみに、パジャマ姿で週刊誌に撮られた話を書きましたが、すっぴんメガネの髪ボサボサ状態で撮られたこともあります。その時には「いつ撮られてもいいようにちゃんとメイクしよう」と一瞬考えましたが、やっぱり続きませんでした。でもかわいいメイクで週刊誌に撮られている芸能人の方を見ると、いまだにちょっと羨ましいです。

Choice

シャネルの化粧水

ハイブランドなりの納得感があれば買います。たとえばシャネルの化粧水。医師の友利新さんが、デパコスとそうでない化粧品の違いを語っていたんです。ブランド品に似た成分の商品はよくあるけど、やっぱり違いはあるとのこと。シャネルの化粧水はシャネルの自社農園でしか取れないお花の成分を入れているらしいんです。ハイブランドなりの独自性が必ずあるからこそ、納得して買おうと思えるんですよね。

6

おひとりさまの、楽しいお金の使い方

子供の頃の我慢を、大人になって解消する

「ナルミヤ・インターナショナル」という子供服ブランドがあります。小学生のころの私の憧れの的でした。値段が高いこともあって、頑張ってお年玉を集めて買った記憶があります。そのナルミヤ・インターナショナルが、最近になって大人服や大人向けのアクセサリー、さらにはガチャガチャまで出すようになったんです。

これは私の想像ですが、おそらく子供時代にナルミヤ・インターナショナルに憧れていた私たちの世代が大人になり、経済力を持ち始めたことを見越した戦略なんじゃないかな、と思います。

ほかにも、駄菓子を爆買いしてみたり、ゲームをたくさん買って好きなだけ遊んでみたりする人の話もよく聞きますが、よくわかります。みんな子供の頃に我慢してたことを大人になって思い切りやっているんですね。

ガチャガチャにはまってしまった

私の中で、ナルミヤ・インターナショナルの再ブームがきたことで、今まで見向きもしなかったガチャガチャを何十回と回す大人になってしまったのでした。

ガチャガチャの中身は「メゾピアノ」の小さなミラーや「DAISY LOVERS」のキーホルダーなどです。どれも平成に流行ったキャラクターで、私たちの世代ど真ん中。自分のスマホに付けたりして、楽しんでいます。

久しぶりに子供の頃に好きだったものに囲まれてみると、当時の欲求不満を回収できますよ。

でもすごく思うのは、単に懐かしいという理由だけだったら、ここまでお金を出さないな、ということ。当時いいと思っていたものって、今の目で見てもちゃんといいんです。

ほかにも、いいものは時代を越えるなと感じたのは、配信ドラマの「First Love 初恋」で、宇多田ヒカルさんの「First Love」の歌詞が流れる場面を見た時。なんて素晴らしいんだろうと思って。

子供の頃にヒットしていたものって、大人になったからといって色褪せないんだなと実感しました。

Choice

ガチャガチャ

ガチャガチャを見ていると、当時の記憶も蘇ることがあります。モーニング娘。さんのカードを集めていたな、とか、友だちと交換日記をしたことがあったな、とか。

7 読書はいい、とわかっているけど……

最近、つい気が散ってしまう

最近、本があまり読めないんです。読めないというより、後回しにしてしまう、といった方が近いかな。最近は、とにかく映像コンテンツが充実しているじゃないですか。そこについつい時間を取られて、本を読む時間がなかなか取れないです（この本をつくるための原稿確認も大変でした）。

昔はそんなことなかったんです。

メンタルが不安定だった時、当時のマネージャーさんに勧められて、『必ず出会える！　人生を変える言葉２０００』（西東社編集部編）という本を読んでみたことがあります。そうしたら「自分が今悩んでることとかとか、苦しいことって、ずっと繰り返されてるんだな」、「人間って何百年も変わらないんだな」と思えてスッと楽になったんです。それからは「自分が今苦しんでることも、絶対に過去の誰かしらが経験してることだから、自分だけが苦しいわけじゃない」と思えるようになりました。本にはそういう力があると思います。

紙の本もそうですけど、ネットでも文章をたくさん読んでいたんですよね。ジブリ作品の考察を紹介しているテキストサイトなんかを小学生時代に読みふけって、「あのシーンはこんな意味があったんだ！」みたいに楽しんでいたのを覚えています。

それが、今ではなかなか読めなくなってしまった。

あ、これなら読める！と感じたのは……

そんな私ですが、ものすごく細かい活字でもスラスラ読めるものがあると気付いたんです。

それは、雑誌『姉ａｇｅｈａ』。〝日本一の整形男子〟ことアレン様が表紙に載っているから買ったんですが、「アレン様１００の質問」とか、びっしり文字が書いてあるのに、すらすら読めるんです。

ギャル雑誌の活字、めっちゃ読みやすい説（笑）。

まぁ実際は、自分がファンの人の言葉であれば集中して読めるということなんだと思います。

あとは、「読む状況」ができるかどうかですね。そんな私が思う、読書に向いているいちばんのスポットは美容院です。

Choice

『星の王子さま』(サン=テグジュペリ)

小学校1年生のときにおじいちゃんからプレゼントしてもらった本です。当時は意味が分からなかったけれど、大人になって読むと良かったですね。哲学的で難しいけど、それがいいと思います。色々な訳のものを読みましたが、岩波書店から出ている内藤濯さんの訳がいちばん好き。これをプレゼントしてくれたおじいちゃんのセンス、いいなって思いました。

COLUMN

おひとりさまだからできる！

ぱるるおススメ一気見コンテンツ

1

SKYキャッスル

（Amazonプライムほか）

セレブ家庭の受験戦争の話。真面目なドラマなのに、夫婦の大喧嘩などのシビアなシーンほどコントのように見えてきて、笑ってしまいます。

2

ペントハウス

（Netflixほか）

タワマン最上階でのサスペンス。死んだはずの人が実は……的などんでん返しの連続！　私はこのドラマにハマりすぎて、散歩中に前から歩いてきた人を劇中の悪役に見間違えたことがあります。

3

ヒヨごん

（YouTube）

とにかく喋りが面白いです。日常の出来事を話しているだけなのに、ちゃんと面白い。ボケとツッコミをひとりで完結できてしまうような人。BGMがずっと一緒なのもクセになります。

4

あいの里

（Netflix）

毎週ずっと見ていたかった恋愛リアリティ番組。35歳以上だからこその会話も面白いですし、スタジオにいる田村淳さんとベッキーさんの話も面白いんです。

5

レイトンシリーズ
（ニンテンドーDSほか）

名作謎解きゲームです。私、謎解きが好きで、今でも探偵になりたいって思っているくらいなので、すごくハマりました。

6

どうぶつの森シリーズ
（ニンテンドーDSほか）

最初にハマったのはニンテンドーDSのソフトだったと思います。最近出たアプリ版にもハマっていました。サンリオとコラボしたのも嬉しかったですね。

7

川の底からこんにちは
（2009年の映画）

出演者で映画を選ぶことが多いんですが、この作品は好きな満島ひかりさんが出ていらっしゃるので見てみました。劇中歌も最高です。

8

野ブタ。をプロデュース
（2005年のテレビドラマ）

大ヒットしたドラマ。今でも覚えているのは、父が主題歌の「青春アミーゴ」のCDを買おうとしていたこと。世代も違うのに買おうと思うくらい流行していたんですよね。

9

ファイナルファンタジーXIV 光のお父さん
（2017年のテレビドラマ、Netflix）

もともと深夜ドラマが好きで。このドラマも、ファイナルファンタジーはやったことないんですけど、それでも面白かったです。ファイナルファンタジーにハマっている父と子の物語。

10

もう久保田が言うてるから仕方ないやん〆
（YouTube）

とろサーモン久保田さんのキャラクターが好き。たまに叩かれたりしているイメージですけど（笑）、私はめちゃくちゃ好きです。みんな思ってても言えないことを言ってくれるところが好き。

配信作品は時期などにより視聴できなくなる可能性があります。

CHAPTER 3

おひとりさまの便利な暮らし方

おひとりさまであれば、住まいには絶対にこだわりたいもの。一方で、何でもかんでも好きに買えるわけじゃないから、物の選び方も重要。私の考える便利な暮らし方を紹介します。

8 丁寧に暮らせなくてもOK？

お茶とキャンドル

「丁寧な暮らし」という言葉、最近よく聞きますよね。憧れているひとり暮らしの方も多いのかもしれません。

私自身は、お茶を淹れたりキャンドルを焚いたりはしていますが、それは別に、丁寧な暮らしを目指しているからじゃなくて、単なる習慣なんですよね。

お茶は、埼玉出身ということもあって、親が食後にいつも狭山茶という緑茶を淹れてくれていたんです。ひとり暮らしを始めてからは飲まなくなっていたのですが、ある番組で久しぶりに狭山茶を出してもらったら、それが美味しくてびっくりして、お茶を飲む習慣が復活しました。

キャンドルを使っているのも、白色の照明が苦手だから。強いこだわりはないです。あくまで灯かりとして使っています。

「いや、こうはできないよ！」と内心ツッコミを入れてしまう

でも、丁寧なひとり暮らしをしている人の動画とか、「なんか見てるのが気持ちいいな」っていうのはわかりますよ。

自分にはない世界だから憧れるというより、すっきりしてていいなーという気持ちと、「こんなん、できないよ！」とツッコミを入れたい気持ちと（笑）、両方があります。

とはいえ、私の部屋はすっきりしている方だと思います。「悩んだら買わない」が基本なので、部屋がものでごちゃっとすることはないですね。かわいいぬいぐるみもないし、旅行先でキーホルダーやお土産を買うこともない。お洋服は好きなので買いますが、そのぶん人にあげたり売ったりしてしまうので、お洋服がクローゼットからあふれるようなこともない。

だから「あー、余計なもの買っちゃったな」と後悔したこともほとんどないと思います。ちなみに、実家はどちらかというとものがたくさんある家でした。収納部屋に普段使わないものがばーんって詰め込まれているような状態。そんなこともあって、自分が暮らすなら、ホテルライクというか、ものが少ない綺麗な部屋がいいなと思っていたんですよね。

ちょっとだけ、ものにこだわってみる

丁寧な暮らしというほどではないけど、ちょっとしたものをひとつふたつこだ

わると、少し気持ちよく暮らせるかも。私の場合、トイレットペーパーはいい匂いのするダブルのものを使うようにしたり、洗剤はダウニーの水色のパッケージのものを使うようにしたりしています。それ以外のものは安さを優先して買うようにすれば、家計にも響きません。

掃除は「ついで」でOK

すっきり丁寧な暮らしといえば、きちんと掃除をしなければいけないイメージもありますが、これもこだわりすぎなくていいと思います。私がおススメするのは「ついで掃除」。なにかのついでに目につく部分だけは毎日掃除しよう、それ以外はちょっとサボってもいいや、というマインドのことです。たとえばお風呂の排水溝なんかは、入るついでにぱっと手を伸ばしてゴミを取ってしまえばおしまい。あとはシャワーを流してしまえば、それでOK。洗い物なんかは、ある程度溜まってからでいいかな……掃除するぞ！　というより、しないと気持ち悪いな〜くらいのゆるい感覚でやっています。

丁寧な暮らしは、65点くらいを目指せばいいと思います。

Choice

紅茶

コンビニで買えるものだと、ファミマと「Afternoon Tea」のコラボシリーズはおいしくてコスパ最高です。

9 ひとりで決められないものは、プロに聞く

お金も時間も得をする、たったひとつの方法

大きな買い物って、ひとりでは決められないこともありますよね。とくに家電なんかは、どれも同じに見えるし、細かい機能違いもよくわからなかったりする。

私の場合は、そもそも興味がないんです。

だからいちばんいいのは「量販店に行って詳しい人に聞く」です。これが最速です。

「この家電とこの家電の違いってなんですか?」

と聞くと、なんでも教えていただけます。

家具もプロの意見がいちばん

あと、ひとり暮らしの大きな買い物といえば家具ですね。これも、プロに聞くのがいちばんだと思います。私は寝室にいる時間がいちばん長いので、ベッドはいいものをと思ったのですが、予算を伝えたうえで良さそうなものを店員さんに選んでもらいました。でも、ベッド以上に大事なのは枕かも。昔はこだわりがなかった……というより、シャワーを浴びて寝るくらいの場所としてしか家を使えなかったので、枕を変えようと思うような気持ちもなかったんですよね。

最近になって考える余裕が出てきたので、ある程度、自分の身体に合ったものを選ぼうと思うようになって、それで自分に合う枕が欲しいと思い、枕の専門家の方に相談したら、薄くて低反発の枕をおススメされました。それがエアウィーブの枕で、おかげですごく楽になりました。ちなみにお医者さんに言われてわかったのですが、私は普通の人より首の骨が多いぶん、首が長いらしいのです。

情報収集する時は、きちんとその道のプロが言っているかどうかを確認するようにするといいです。そのうえで、複数の意見を集めて、比較して検討すれば、まず間違いないんじゃないかと思います。

Choice

airweave pillow slim

特にオーダーメイドしたわけでもないのに、私にピッタリでびっくりしました。

10

おひとりさま物件の選び方

広すぎず、狭すぎず、つるつるしすぎず

私が家を選ぶときにこだわったのが、お風呂でした。

ひとり暮らしの何がいいかって、好きな時に好きなだけ、いちばん風呂に入れること。ゆっくり湯舟に浸かりながらドラマや映画を見たり、台本を読んだり、動画編集をしたり、アンケートに答えたりしています。スマホは2、3回落としてダメにしているんじゃないかな……。

そういう場所なので、絶対にお風呂にはこだわりたかったんですよね。

まず、浴槽の質感。意外かもしれないのですが、タイルっぽい高級感のある浴槽は、私としてはあまりおススメできません。なぜかというと、よりかかったときに背中や首が痛いんです。だから、プラスチックっぽい質感の浴槽がある物件を探しました。

また、広さも大切な要素です。広ければいいわけではなく、ちょうど伸ばした足が着くくらいがいちばん落ち着くと思います。実は、私は泳げないので、足が着かないとおぼれそうになるんですよね。

ありがたいことに、その2点をしっかりと満たしている物件に今は住んでいます。

ひとり暮らしでは、何もかもにお金をかけるわけにいかないですよね。だから、私は「ここだけは」というポイントを決めて物件を選びます。その時、ついつい見た目などで選んでしまいがちですが、それよりも「自分の身体の感覚」をもとにして選んだほうが、後悔がないんじゃないかな。

Choice

温度と時間にこだわる

設定温度は42度で、1時間くらい入ります。そこから追い炊きをすることも。お湯の量は胸の下くらいで、体勢は寝てる状態に近いですね。これが私の中でベストのお風呂の入り方です。

11

いいものは、確かに気分あげてくれるよね

ひとりで暮らしていると、ほかの人には目に見えない部分ばかりになります。だから、雑にしようと思えばいくらでも雑にできるし、安物ばかりで済ませようと思えばいくらでも済ませられる。私にもそういう部分があるので、よくわかります。

でも最近、「目に見えない部分が大事」ということを学びつつあります。

少し前から食器にこだわり始めたんです。きっかけは、ファンクラブのスタッフさんがぽろっと言っていた「人に見せない部分も豊かにするといいよ」という言葉。それで試しに少し高い食器を買ってみたんです。あくまで目に見えない部

分を豊かにしたかったので、それはまだインスタなどには上げていません。

食器ひとつで、生活が丁寧になる

結果、大正解でした。本当に気分が上がるんです。よく韓国ドラマを観ていると、セレブの人たちが室内に食器を飾っていて「なんでだろう」と思っていたけれど、ちょっと気持ちがわかりました。ただ食事が美味しそうに見えたり、おしゃれだったりするだけではありません。それに、大事に扱うようになるから、洗い物ひとつとっても丁寧になるし、もの全体を大切にしようという気持ちになります。

とはいえ、丁寧な暮らしへの道は遠し

とはいえ私も、毎食毎食いい食器で食べているわけではまったくなくて、タッ

パーから直接ごはんを食べることも普通にあるので、丁寧な暮らしにはまだまだ遠いのですが。

ちなみに、私が好きなのはWEDGWOODというブランド。食器に高いお金を出すのは勇気がいりますが、頑張って揃えようと思っています。

下着にもこだわってみる

人に見せない部分も豊かにするといえば、下着もちゃんとしたものを買うようになりました。きっかけは、ブラデリスニューヨークという下着ブランドの1号店が表参道にできた、という情報をスタイリストさんが教えてくれたんです。今では簡単に予約も取れないお店ですが、流行る前に行けたのでスムーズに買えました。

ちゃんとした下着、いいですよ。老化予防をしている感覚になれます。

Choice

わんちゃん用の高いお皿

自分だけ高い食器を買って、わんちゃんにはプラスチックの食器で食事させてるのは申し訳ない気がして、わんちゃんに高級なお皿をプレゼントしたんですよ。でも別に嬉しがってないですね。強いて言えば、プラスチック製のお皿と違って分厚くて硬いのでお皿を噛まなくなったかな(笑)。

12 自分の幸福のためにお金を使う

「安いものの方がいいこともある」という気付き

前のページで食器にこだわり始めた、という話をしましたが、じゃあ調理器具にもこだわりたくなるのかというと、必ずしもそうではありません。包丁だけはファンの方からいただいたちょっと良いものを使っているのですが、ピーラーは100均です。というのも、高いピーラーだと切れ味が良すぎて私には危なくて、100均の切れ味がちょうどよかったからです。

ただ、それも良い製品を試してみたからこそわかること。それなりにひとり暮らしの経験を重ねてきて良かったなと思うのは、こうやって高いものと安いもの両方を試して、それぞれ良いところがあると知れたことなのかな。そうすると、ここにはお金をかけるべきだけど、ここは安いものでいいかな、といった判断がだんだんスムーズになってくるんです。お金の使い方、大事。

衝撃のキャッチコピー

そういえば、お金の使い方が人生を左右する、ということを実感したのが、麻生泰さんという医師でＹｏｕＴｕｂｅｒの方の言葉でした。

それは、「バーキン買うなら豊胸しろ」。

すごくないですか。このキャッチコピーを見た時、衝撃だったんですけど、「でも、たしかにそういう選択肢のほうが豊かな人生を送れる女性もたくさんいるのかな」と思ったんです。バーキンって、ひとつ何百万円もするんです。で、豊胸も同じように何百万ってかかるらしいんですよ。実際に私がどっちかにお金を使うんだったら、100万円のバッグを持ち歩くより、スタイルのいい自分を選ぶかも、と思いました。もちろん簡単に決められるような話ではないですが、試行錯誤できないくらい高額なお金の使い方って、その人の価値観がよく出るんだなと思いました。

そんな私の高額な買い物は、ソファーでした。「長く使うものにお金をかける」、という価値観があるからです。わんちゃんに噛まれてボロボロになってしまったので、次に買い換える時はあまり高額なものにしないと思いますが……。

Choice

麻生泰さん

『バーキン買うなら豊胸しろ！』はYouTubeで見たんですけど、本のタイトルにもなっています。

COLUMN

ひとり暮らしが10倍楽しくなる!?

ぱるる理想の間取り

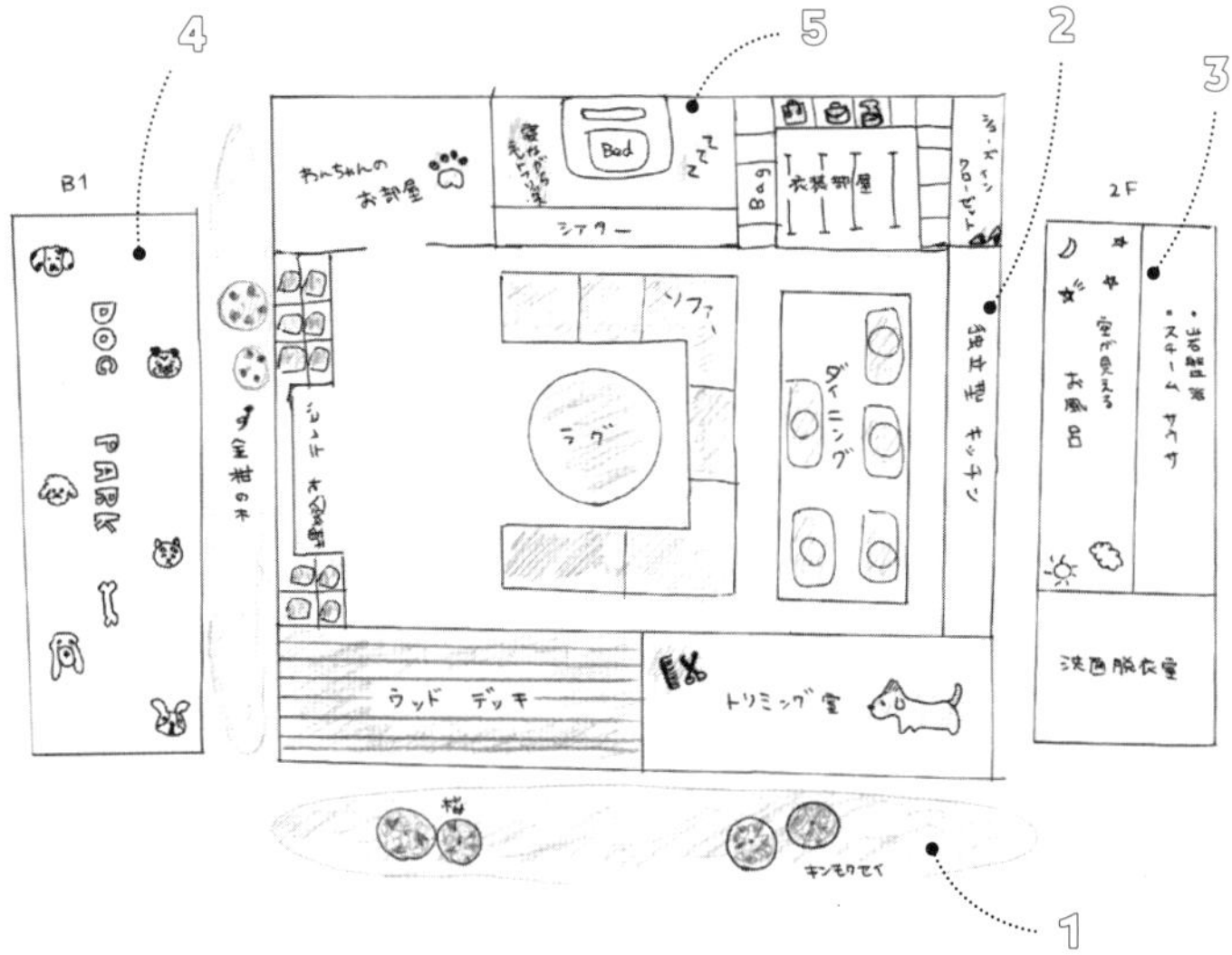

生涯インドアの私が「愛犬と暮らす」をテーマに
間取りを書いてみました！

1 お庭

お庭は、家の周りを囲んでいる感じ。わんちゃんが走り回れるようにして、私の好きな木々を植えてみました。

3 お風呂

2階にお風呂は面倒かなーとも思ったのですが、湯船に浸かって上を見た時に星空が見えたら最高じゃないですか⁉　小学生の頃から毎日1時間以上お風呂に入っていて、その時間がとっても大切なので。あと、テレビとジャグジーもつけたいです！

5 寝室とお手洗い

最後は、ベッドからみるテレビ。休日はリビングに行かなくなること間違いなしです。お手洗いを書き忘れましたがお手洗いの空間も大好きです(笑)‼広すぎず狭すぎずの絶妙な広さが理想です。自動で水が流れる機能もお願いします。

2 キッチン

意外と絶対に譲れないのは独立型のキッチン。オープンと独立のお部屋どちらも住んだことがありますが、独立のほうがニオイがお部屋に充満しないのと、汚くてもドアを閉めてしまえばお客さんに見られることがないので最高です(笑)。あと、わんちゃんの侵入を防げるのもポイントです。

4 ドッグラン

私のいちばんの理想が地下一階のドッグランで、天候が悪くて外が危険な日でもストレス発散ができるスペースです。鏡張りにすればスタジオ風に変身し、楽器演奏ができたり(絶対に1.2回でやらなくなるであろう)ヨガもできちゃいます♪プロジェクターをつけたらシアタールームの完成です！

CHAPTER 4

おひとりさまの
楽しい食べ方

好きなときに好きなものを好きなだけ食べられるのも、おひとりさまの特権。でも、意外と同じような食生活ばかりしている人も多いのでは？　この本をきっかけに、思い切って今までにない「おひとりさま食ライフ」を満喫してみてはどうでしょう！

13

ひとりフレンチだって余裕です

ひとりですけど、いいですか？

その日は自分へのご褒美として、贅沢をしたい日でした。

でも、誘う人も時間もなかったから「ひとりでもいいや」と思って、その場で自分の名前でフレンチのコース料理を予約して、ひとりでお店に行きました。

これを言うと、なぜか驚かれるんです。「ひとりでフレンチのコース料理食べに行ったの？」って。

でも、むしろメリットの方が大きくないですか。

居酒屋やバーとちがって、ほかのお客さんとの距離感が近すぎることも、若い人ばかりで肩身の狭い思いをすることもないし、落ち着いて飲食を楽しむにはとてもいい環境だと思います。

ちなみに通されたのは、テーブル席じゃなくてバーカウンター。カウンターに次々と料理が運ばれてくるのは、珍しい体験ではあったかも。量が多くてコスパのいいお店でした。あと、フレンチに限らずですが、コース料理ってお店の人とのちょっとした会話があるじゃないですか。素材とかソースの味などを説明してくれるので、その点も楽しいですよね。

ただ正直、ちょっと躊躇する気持ちはあったんです。お酒を飲まないひとり客って、お店からしたらあまり利益にならなくて迷惑なんじゃないかって。

おひとりさまに優しいお店はけっこう多い

「ひとりの時の食事はお腹さえ膨れればどうでもいい」という人もいます。でも私としては、そこは共感できません。だから食事のために思いきって行動してみることも多いです。

深夜にうどんが食べたくなった時があるんです。ウーバーもできない時間帯だったので、わんちゃんのお散歩を兼ねて買いに行くことにしたんですけど、そのお店、外から受け取れないタイプだったんです。注文は店内でしなければいけない。でもわんちゃんがいるから、それができない。

仕方なく、一か八かでお店の外から声を張って事情を説明したら、全部やってくれたんです。感謝しかありません。お願いしてみると優しく対応してもらえることのほうがずっと多くて、「日本人って優しいなぁ」という気分になります。

ほかにも、わんちゃんと散歩していて見つけたお店に入ろうとした時のこと。

ペットはカートに乗せていないとダメなんです、とアルバイトの方に言われたので、帰ろうとしたところを、店長さんらしき方が現れて「大丈夫ですよ」と言ってくれたりとか。

ひとりの食事の幅を広げてみると、意外な優しさに触れられることがあるんですね。ひとりだからできないと思い込んでいることも、実はできるんだと気づくことができました。

Choice

カウンターのある店

ひとりコース料理にチャレンジしたい人がいたら、カウンターがあるかどうかを確認してみたほうがいいです。カウンター席であれば周囲の目を気にしなくてすむので。

14

ひとりで楽しめる趣味があると吉

これならひとりで楽しめる！

今でこそかき氷屋さんめぐりが趣味といえるけど、趣味って、それまではなかったんです。たとえばゴルフにしても、誰かと一緒じゃないとできないじゃないですか。その時点で趣味にはならなかった。けど、かき氷屋さんめぐりはひとりでもできる。それまでもコレクションしてみたりすることなどはありましたが、どこかのお店に行くようなことはなかったので、初めてアクティブな趣味ができたんです。私自身は人見知りですが、かき氷屋さんで私のことを知っている方から声をかけてもらえるのはうれしいですね。仲良くなれるのは、少し年上の方々が多いかも。お店で会う人とも自然に仲良くなれますし、情報交換するのも楽しいです。

主食にしたいくらい好きです、と色々なところで言ってきたおかげなのか、最近ではお仕事でかき氷屋さんを回らせていただいたりすることも出てきました。とはいえ、かき氷の魅力を知らない人も多いと思うので、かき氷愛について、ちょっと聞いてもらってもいいですか。

こんなに色々！　かき氷ワールド

まず、メニューについて。メニューには、定番があるお店とないお店があるんですけど、どちらも基本は旬の食材を使います。だからといって、似たようなかき氷ばかりになるんじゃなくて、構成が違うので、同じにはならないのが面白いところです。それに、お店によって氷も違うし、使っている機械も違うし、つくる人によっても味が違ってくるんです。氷を固める圧の強さや、削った氷を受けるお皿の傾け方とか、温度とか。だから、同じお店のかき氷でも、いいときとそうでないときがあります。

いいかき氷の定義……あえて言うなら、食べ終わったとき〝素氷（すごおり）〟が残らないもの、なのかな。カレーライスでたとえると、食べ終わったときにご飯だけ残っちゃうと「バランスが悪いな」となるじゃないですか。あの感覚に近いです。きちんと同じ配分で食べていって、きれいに何も残らなくなるのが理想ですね。その意味では、ソースの量なんかも重要かもしれません。

最近のトレンド

最近のトレンドとしては、パティシエさんが作ってるかき氷がけっこう多いかも。

ちなみに私には、ただひとり例外として、一緒に食べに行くかき氷が好きな後輩がいます。西野未姫ちゃんです。基本はひとりで楽しみたいのだけど、彼女だけはゴーラー（かき氷好き）仲間なので、ふたりでも楽しめます。かき氷屋さんに最近はどんどん行列も増えているし、これからもっともっとブームになっていくんじゃないかなと思います。

おじさんも大丈夫！

ところで、かき氷屋さんって、実はおじさんのお客さんもけっこういるんですよ。あと、おひとりさまも多いんです。ノリはラーメン屋さんに近いかも。回転率の速さとか、お店お勧めのこだわりの食べ方が書いてあったりとか。あと注文方法も、「小さめでお願いします」「シロップ別皿で」みたいに頼むお客さんがいたりして、こういうところもラーメン屋さんっぽいなと思います。写真を撮るのは1枚だけ。すぐ食べるようにしています。何枚も撮らずにすぐ食べる人を見ると「本当に好きなんだな」となりますね。

もしこれを読んでいる中年男性の方やおひとりさまの方で、かき氷が気になってきたけど気後れしている方がいたら、安心してほしいです。

みんな立場は同じだから、きっと仲良くなれますよ。

Choice

デギスタシオン
(〒157-0066 東京都世田谷区成城2丁目37-11)
まず氷の食感が違います。それから、氷の上に載っている具材、中に入っている具材、全部味が違って、それぞれ個別で食べても一緒に食べても美味しいんです。しかも見た目も綺麗。この本の後半にあるグラビアページで食べている雪下にんじんのかき氷もデギスタシオンさんですが、これもめちゃくちゃ美味しかったです！

廚(くりや) くろぎ
(〒110-0005 東京都台東区上野3丁目24-6 パルコヤ上野 1F)
少しお高いだけあって、使われている食材がいいです。日本料理屋の経営なので和風フレーバーなのですが、栗がきちんと濾してあったり、いちごも高級なものが使われていたりします。

15

好きなファストフードを好きに食べよう

マイフェイバリット・ファストフード3選

ファストフードを食べるのは好きです。手軽にテイクアウトできて、ひとりで家で好きなように食べられるのもいいですよね。その上、本当にオリジナリティがあっておいしいなと感じるものがたくさんあります。

いちばんは「ペヤングソースやきそば」。ずーっと買い続けています。ペヤングの味って、ペヤングにしかないじゃないですか。正直、焼きそばそのものより好きかも。だから買う価値があるんです。たとえば餃子って、冷凍餃子やチェーン店、高級中華で食べてもそれほど違いがないと思うんです。

でもペヤングは違う。ほかのカップ焼きそばと違って、焼きそばに寄せようとしていないようにも思えるあの味が、とにかく好きなんです。

牛丼マイルール

吉野家の牛丼もそう。幼少期から父がずっと「牛丼は吉野家が一番だ」と言い続けていて、そのせいもあって吉野家以外の牛丼チェーンは行かないくらい。最近は色々とメニューが増えましたけど、私は牛丼つゆだく紅しょうが多め一択です。ちなみに最近ではお肉や玉ねぎだけを増すこともできて、私も実際に注文したことはありますが、やっぱり普通盛りの、あのちょっと物足りないバランスがいちばんいいんだな、と最終的に気付きました。「お肉がもったいない」と思いながら食べる牛丼がいちばん美味しいです。あと、忘れてはいけないのが、豚汁。吉野家の豚汁より美味しい豚汁はありません。

ケンタのオリジナリティー

もうひとつ挙げるとしたら、ケンタッキーかな。ケンタッキーも、ほかでは食べられない味ですよね（実際に、スパイスの組み合わせは他店で真似できない配合らしいと聞いて、やっぱり！　と思いました）。ところで、韓国ってサクサクのフライドチキンを売るお店がたくさんあるじゃないですか。なのに、なんでわざわざケンタッキーを食べるの？　って韓国の知人に聞いたことがあるんです。そうしたら、サクサクのチキンとケンタッキーはまったく違う、とその人に言われて。たしかに日本には唐揚げがあるけど、ケンタッキーも人気だしなぁ、と思いました。それくらい、オリジナルの味なんですよね。

値段が高い安いに限らず、「買う価値が明確であるもの」が私は好きなんだと思います。

Choice

吉野家の牛丼並盛り、生卵、豚汁

最初に牛丼に卵を割り入れて、最初は普通の牛丼部分を食べ、そのあとで徐々に卵を崩しながら食べるのも好きです。お肉の量は増せますが、あえての並盛りで！

16

ダイエットしたいなら、ひとりが有利

誘惑が少ないぶん、有利

基本的には好きなように食べているのですが、人前に出る仕事でもあるので、「さすがにダイエットしないとな」というタイミングはあります。

もし何かしらのきっかけで「ダイエットしなきゃ」と思うおひとりさまの人がいたら、誰かと暮らしている人よりも誘惑が少ないから有利だと思いますよ。誰かと暮らしている場合、ダイエットしている相手に合わせて食事に気を遣ってくれるような人であればいいけど、そうでないなら自分だけ我慢するのは相当しんどいですからね。

どうしてもお腹が空いたら

自分に合うダイエット方法は人それぞれだと思いますが、私の場合は運動が嫌いなので、オートファジー（16時間断食＆1日に1食）をやっています。

それでも、どうしてもお腹が空いたら、炭酸水やハーブティー、お味噌汁などを飲むようにしてください。

なるべく運動はしたくないのですが、あえて挙げるとしたら、わんちゃんの毎日のお散歩と、ごくたまにジムに行くくらいです。何も、器具を使ってガンガン鍛えなくても、インストラクターの方が時間割ごとに教えてくれるレッスンなどを受ければかなり効果的です。

宣言してしまうと逃げられなくなる！

それから、人に向かって宣言してしまうのも効果的です。２０２３年の年末は自分史上いちばん体重が重くなってしまったんですけど、そのことをＳＮＳで公表し、ダイエットすることも同時に宣言しました。11月だったので、クリスマスにケーキとケンタッキーを食べるために4キロ痩せます、って。

それからは、食べているものも公開したりして、自分にプレッシャーをかけるようにしていました。

大食い動画を見る

大食いユーチューバーの人たちの動画も、ダイエット中はよく見ています。逆に食欲が刺激されないの？　と聞かれますが、「我慢してる私の代わりにこの人が食べてくれている」という感覚で見られるんですよね。

あと、「この人はこんなに食べているけど、私は我慢できる」という謎の優越感をつくりだすことで、ダイエットを継続させたりもしています。もちろん、ダイエットが終わったらこの人の食べているものを思いっきり食べるぞ！　というモチベーションにも繋げているんですけどね。

「食べてないのに痩せない」のウソ

「食べてないのに痩せない」という悩みもよく聞くのですが、その人の食生活をたまたま少し見たりすると、普通に間食したりしているんですよね。それで、その間食を食べたものとしてカウントしていなかったりする。

お腹が空いたら、基本的には我慢です。

近道はありません！

Choice

MIYU ASMR

ダイエット中によく見ているユーチューバーさんです。かわいいからずっと見ていられます。食べているものも手作りでお母さんと一緒に作ったりしているんですよ。

COLUMN

ひとり自炊はこれで決まり！

島崎家直伝
煮込みハンバーグのレシピ

私が好きな母の手料理で、今でもときどき食べたくなると自分でつくっているメニューです！味はつくりながら微調整してください。料理初心者の人でも「なんとなく」でできちゃいます。

材料（1人分）

ひき肉…200gくらい
玉ねぎ…1/4個くらい
パン粉、バター、サラダ油、塩胡椒、トマト缶、ケチャップ、ソース、味の素、砂糖、コンソメ、ナツメグ…すべて適量

作り方

1 玉ねぎをみじん切りにします。（あまり細かく刻まないほうがいいです。あと、食感を楽しみたかったら、みじん切りにした直後にひき肉と混ぜてOK！　その場合次の手順は飛ばしてください）

2 バターをひとかけフライパンに入れて、玉ねぎを炒めます。

3 ひき肉と玉ねぎを混ぜ、塩胡椒とナツメグを入れます。（このタイミングで牛乳や卵、パン粉を入れてもOK。キャベツやコーンを入れてもおいしいです）

4 よく混ぜて、形を整えたタネを２個つくります。（真ん中は少しくぼませます）

5 サラダ油を引いたフライパンで両面を焼いていきます。

6 水を少し入れ、蓋をして蒸し焼きにします。（あとで煮込んでいくので、このタイミングで火が通ってなくてもOKです！）

7 トマト缶を入れます。

8 ケチャップをひとまわし半くらい、ソースをひとまわし半くらい、味の素とコンソメ、砂糖を２、３ふりくらい、それぞれ入れます。（味の素が味の決め手です。ケチャップの量は味見しながら調整してください）

9 煮込んでいきます。

10 中身まで火が通っていることを確認して、できあがり！（チーズがあってもおいしいです！）

CHAPTER 5

おひとりさまの悩みの乗り越え方

みんな共通の悩みと言えば、人間関係や結婚など。ここでは、おひとりさまだけではどうにもならない出来事に向き合う際のマインドなどについて思うことを、正直に話してみました。

17

ついモヤモヤしてしまった時は？

それを言ってエネルギーを使うほどか？　を考える

他人に対して、「それはどうなんだろう」とか「納得いかない」とモヤモヤすることはもちろんあります。でも、その不満を直接相手に伝えるまでの相手なのかな？　ということをまず考えて、「そうじゃないな」と思ったら、その場では何も言わないです。

本当に愚痴を言う時は、「世間に出回ってもいいや」と思えるくらい信頼している相手にしか言わないようにしています。

相手じゃなくて、自分に原因がある時は

自分が原因でモヤモヤが生まれることだって、もちろんあります。周りに比べて「私はできていないな」と感じる時。

そういう時は、ネガティブな言葉を発する前に「自分がやり通したいことなのか」「自分以外の誰かにサポートしてもらったほうがうまくいくのか」ということをまず考えます。

自分でやりたいのであれば、できなくて凹んでも頑張るしかない。

自分にはどうやっても能力的にできなくて、迷惑をかけてしまいそうなのであれば、無理に頑張らなくてもいいと思います。ましてや、キャパオーバーになるまで何でも自分で解決しようと思わなくてもいいんじゃないかな。

言葉の使い方を変えてみたら

でも、最近になって気づいたことは、言葉は使い方によってネガティブにもポジティブにもなるということです。

昔の私は「でも、」という言葉が口癖でした。意見を言われたりするとすぐに「でも、○○じゃん（ネガティブな言葉）」と反発していたんです。それが最近になって少しずつ変わってきた。ネガティブな状況に対して「でも、○○だよな（ポジティブな言葉）」と思うようにしたんです。言葉の使い方を変えるようにしたら、ある程度ネガティブな状況でもポジティブに受け入れて、自分の腑に落ちるようになりました。

そう考えると、マインドを変えることで「嫌だな」と思っていた出来事も自分を成長させてくれたんだなと考えられるようになり、戦わずに済むようになりました。

今日からすぐできる発散方法

とはいえ、人のせいにすることで気が楽になるのであれば、時には心の中で誰かを悪者にしたっていいじゃないですか。現実に他人を傷つけたり、口に出したりしたらダメですけど。

私も時々、心の中で「これがうまくいかないのはアイツのせいだ〜、あれがうまくいかないのもアイツのせいだ〜！」と唱えて自分を落ち着かせていました（笑）。

あと、メモに殴り書きをして発散することもあります。その時にあった嫌な思い出や出来事を書いて、発散させるんです。「デスノート」みたいに必ず紙にペンで書くのがポイント（笑）。他人に話してしまうとトラブルになることでも、この方法だったらひとりで発散できます。

愚痴を言いたいんじゃなくて、相談をしたい時は

自分がどうすべきか相談したい、と思う人もいるかもしれません。私の場合は、それはあまりないんですよね。相談するよりとにかく自分で行動してしまう。やってみないとわからないじゃん、というガンコなタイプなんです。もちろん何も考えずに動くのではなく、自分なりにしっかり考えてから動きます。それでもたいていいは失敗して、やっと学習する。本当は失敗しない方がいいんですけどね。

どこかヤンキー気質みたいなものがあるのかもしれません。

埼玉出身だから（笑）？

Choice

©You, Be Cool!/KING RECORDS

「僕たちは戦わない」（AKB48）
今回の話をしていて思い出しました。
私がセンターを務めた曲です。

18

それでも、愚痴を聞いてもらう相手はいたほうがいい

聞いてもらうだけで、だいぶ違う

しんどかったら、きちんと吐き出した方が本当はいいです。答えがもらえなくても、聞いてもらうだけでラクになります。もちろん誰にでも言えばいい、というわけにはいきませんが。私の場合、ネガティブな話でも言えるのが、数少ない友人、母、マネージャーさん。

私自身が悩みや相談を聞くこともあります。

でも、共感できない時は同意しないようにしています。相手の話を聞いていることは伝えたいので、相槌はちゃんと打つ。だけど、答えを求められて「そうは思わない」と思えば外国人のように「NO」が言えてしまう日本人なんです。そのくせ、変なところで繊細なところは、やっぱり日本人なんです。いちばんしっくりくる自己認識は「宇宙人」なんですけどね。

「でもけっきょくは行くしなぁ」というマインド

よくある愚痴は「仕事がしんどい」「行きたくない」という悩みでしょうか。

私自身は仕事が好きだけど、それでもたまには「行きたくな〜い」というマインドにはなります。でも、そうは言いながらも、心のなかでは冷静に「まぁ時間になれば行くし、やるんだよなぁ」と理解しているんですよね。それで、実際にちゃんと仕事に行く。そして行きさえすれば、もう強制的にやる。だから、こうすれば乗り越えられる！　みたいな攻略法なんて、私にはないです。ただただ「その時間が来たら自分は失踪したりせず、結局やるだろう」と思うだけ。

でも、この本の最初でも言ったように、逃げることだって強さです。我慢して苦しんでほしくはないです。「結局自分はやるだろう」と思えなかったら、逃げていいと思います。

数少ない仲間のために

結局がんばれるのは、仲間でいてくれる数少ない人を大切にしたいからだと思います。行きたくないって愚痴を言ってもそれを聞いてくれる人がいて、私より早起きして迎えに来てくれるマネージャーさんがいて。感謝すべきだと思いますし、それで「行かない」とは言えない。

だから、仕事のためというより「人のためにやる」というマインドであれば、乗り越えられるんじゃないかな、と思います。

Choice

ゲッターズ飯田さんの名言

ゲッターズ飯田さんが、「お礼は4回言う」とブログなどで書いていて、いいなと思いました。ご馳走してもらったらその場でお礼、家に帰るまでにメールでお礼、次の日にお礼、後日出会ってお礼。その言葉を読んで以来、私もできるだけそうするようにしています。

19

ひと付き合いは嫌いだけど、好きなひとはいる

他人にどうやって興味を持つか

基本的に人も人付き合いも苦手です。でも社会で生きていく以上そうとばかりも言っていられない。

おひとりさま大好きな私が、他人のどこを「素晴らしい」と思うのか、聞かれるままに話してみようと思います。

憧れる人とその理由

外見だと、井川遥さんが思い浮かびます。お会いしたことはないのですが、あんな素敵な見た目の大人になれたらいいな、と思います。

言動というか、ふるまいでいえばＹＯＵさん。とにかく楽しそうに生きているように見える。ＹｏｕＴｕｂｅの番組でＹＯＵさんが視聴者の悩みに答えるコーナーがあるんですが、それがとても好きなんです。

悩み相談に対して、ＹＯＵさんの答えがときどき答えになっていないことがあって（笑）、でも独特の話し方のリズムとか口調の明るさのおかげで、なんだか前向きになれる。

魅力がある人って共通して、「かわいさ」というか「愛嬌」があると思います。

芸人さんもそうですよね。たとえ毒のあることを発言しても、なぜかみんなに好かれたり、許されたりするタイプの方って、なんかかわいげがあるじゃないですか。

とくにＹＯＵさんにはそれを強く感じるし、自分に足りない部分だと思うんです。

もしお会いできたら、私も悩み相談をさせていただきたいな。

お芝居で憧れる人

そして、これは自分には絶対に真似できないとわかったうえで言うと、お芝居ですごいと思ったのは柳楽優弥さん。

目の前でお芝居を目にしたとき、うまいとかそういう次元を超えて、「俳優って、こういう人のことを言うんだ」と感じました。共演させていただいたときは、そのままでは呑み込まれてしまうと思って、ある意味で〝バリア〟のようなものを張るイメージでお芝居したことを覚えています。

凄みと、柔軟さ

この「呑み込まれてしまう」という感覚を言葉にするのは難しいんですが、とにかく、柳楽さんが一言セリフを口にした瞬間、その世界になってしまうんです。そうなったらもう、こちらは柳楽さんの世界にただ合わせているような感覚になってしまう。セリフの内容に迫力があるとか、そういうレベルではなく、口調とかたたずまい全体から発せられる空気で場を支配してしまう感じ。

それでいて、お芝居の中でこちらの台詞をちゃんと聞いてくれて、柔軟にリアクションしてくるところがすごいと思います。

柳楽さんは唯一の存在なんだなと実感しました。

これからだんだん、自分が年上になる場面も増えていきます。

その時に、自分が真似されるくらいの人になれていたらいいな。

Choice

映画『ゆとりですがなにか インターナショナル』
3月27日発売
豪華版Blu-ray　7,480円（税込）
通常版DVD　4,180円（税込）
発売元：VAP
©2023「ゆとりですがなにか」製作委員会

映画『ゆとりですがなにか インターナショナル』

初めて共演したのはドラマ版でしたが、柳楽さんから多くのことを学ばせていただいたお仕事になりました。

20

「誰かから比べられる」を卒業する

「コピーしてるだけ」から脱却したかった頃

ＡＫＢ48の研究生時代は、先輩のダンスの動画を見て、それを自分たちで振り起こししていかなければなりませんでした。

でもその時に、ずっとコピーをするだけでは自分はそれ以上、上には行けないなと思いました。だから、コピーする側じゃなくて、される側に行かなくちゃ、と。

そこからセルフプロデュースする日々が始まりました。

とにかく「ほかの人と比較して、他の人がやっていないことをやろう」「少数派になろう」と考えていました。

そうでなければ、お客さんに見つけてもらうことができないからです。

例えば髪型であれば、当時すごく前髪を大切にしている子が多かったので、私はあえて前髪をなくしてみたりとか。そういうちょっとしたことでも、「少数派」になれるのであればやっていました。

YouTubeも「少数派」だった

ここ数年で「ありのままの姿」が受け入れられやすくなったなと感じます。

私も、かつては第三者に比べられていたけれど、最近はもう少し自分らしく生きようと決めています。

私がYouTubeを始めたころ、当時はまだ芸能人がそれほどやっていなかったこともあり、否定的に見られたこともあったんですが、私は何を言われても新しいことに挑戦してみたかったんです。ちょっとほかの人と違うことをしようとすると、「多数派」の人たちから批判されたりもするけど、私はそうはなりたくなかった。

結果、やってみて良かったと思います。驚いたのは、本当にただ素の自分を発信しているだけなのに「ぱるるってこんなに笑うんだ」とか、「こんなによくしゃべるんだ」みたいなコメントがたくさんついたこと。

私のことを「塩対応」だと言っていた人へ

ＹｏｕＴｕｂｅのコメントを見てびっくりしたのは、「私ってそんなに悪いイメージだったのかな?」ということ。「塩対応」にしても、テレビというエンタメの世界がつくったキャラでしかなくて、私としてもギャグのように受け止めていたのに、それが世間からしたら本当の姿のように見えていたんだな、って。だから当初は叩かれたし、悩んだこともあったけど、ＹｏｕＴｕｂｅのコメントを読んだ時は、あらためて自分と世間の認識のギャップを痛感した瞬間になりましたね。

でも最近は、「塩対応」という言葉も「裏表がない」という肯定的な意味で使われるようになってきた、と聞いて救われました。当時の私にそう言っていた人にも、現在のポジティブな意味を知ってほしいですね。元祖「塩対応」としては（笑）。

Choice

ぱるるーむ

ちなみに、いちばんよく伸びている動画のひとつが「ひとり回転寿司」を思う存分に食べている動画。おひとりさまで素の自分がたくさんの人に見てもらえているのは、不思議ですがうれしいです。

21

おひとりさまが、社会で働くこと

おひとりさま＝他人を拒否しているわけではない

少数派でもかまわないし、他人に振り回されない、というのがおひとりさまの理想ではあります。でも、別に他人とか集団を拒否しているわけではないんですよ。

むしろ、場合によっては「他人軸」で生きてもいいと思うんです。

たとえば、私はお仕事は好きですが、自信は常にありません。だから、周囲の判断を信じてやっています。

それをすごく感じるのが、お芝居の仕事です。カットがかかったあとで、「いまの自分のお芝居は微妙だったな」と自分で思うことがよくあるんです。それでも、監督がＯＫであれば、私もＯＫです。その判断を信じて次に進むようにしています。

昔の方が自分の気持ちを優先させていたんですけど、そればかりでは社会とかかわる上でうまくいかないな、と思うようになったんですよね。

だからできるだけ「まぁいいか」と思うようにしないといけないな、と感じています。

知りたくても知ることのできない社会

「社会とかかわる」大切さというのは、芸能界の話だけではありません。
私はずっと、みんなが学生時代に体験するアルバイトのようなことをしないいま大人になるのに違和感があったんです。ちゃんとした生き方だと思えなかった、というか……。どれだけ働くと、どれだけお金がもらえるのか、といったことも知りたかった。なので数年前に焼肉屋さんでアルバイトをしてみました。ハンディの使い方も分からず、紙とペンで注文を取っていました。アルバイトは未成年でも働けるのだから自分も出来るだろうと思ったら、とんでもない。そこでは、お客さまに対する接し方などはすごく勉強になりました。

でも、長くは続きませんでした。すぐに世間に知られてしまい、週刊誌が来て写真を撮られてしまったからです。お店に迷惑をかけると思うと、続けたくても続けられなくて、やめることにしました。たった3日間の出来事でした。

そこでまた落ち込んでしまったんですよね。「やっぱり、自分は普通に生きられないのかな」って。真剣な理由でバイトを始めたのに、「ぱるる仕事激変！アルバイト生活！」みたいに、面白おかしくニュースにされていじられてしまうのが苦しかったです。

それでも前進できた

それでも時間が経つと、だったらもう芸能界で頑張るしかないんだ、という覚悟が出てきて、ここで頑張ろうと思うようになりました。芸能界だって、大変なことはいっぱいあるけど。だから、やっぱりアルバイトに挑戦してみて良かったのだと思います。

そのおかげで、また一歩前進できたからです。

Choice

中田敦彦のYouTube大学

いろんな考え方は、中田さんのYouTubeから学びました。その他にも、LINEで相手を嫌な気持ちにさせない断り方など、とてもためになる内容が多くてよく見ています。

22

結婚について、ぶっちゃけてみる

ウェディングドレスまで着たけど……

30歳を前に、周囲の子たちが口々に「結婚したい」と言うようになりました。

私は、今のところ結婚願望はありません。そう言っていたら、「ぱるるを結婚したい気にさせられるのか?」というテーマのテレビ企画で、さまざまな結婚準備を疑似体験することになりました。指輪を選んだり、式場見学をしたり、かわいいドレスを着せていただけたり。テンションが上がりましたし、いただいたケーキもおいしかったです。面白い体験でしたね。ただ、やっぱり隣に誰もいないので、自分に本当に起こることとしてはまだイメージできないのが正直なところ。ひとりでウエディングドレスを着て歩くのは、空間が寂しかったですね（笑）。友人の結婚式に行っても、綺麗だなぁとは思うんですけど、やっぱり自分ごとには思えず。

なぜなら……相手がいないからです。

結婚したい？　と聞かれても

結婚願望とかある？　ってよくテレビなどで聞かれるんですけど、「私、毎日料理したくないです」って即答してしまいました。

20代後半だったら、一度は家庭を持つのに憧れる人もいるじゃないですか。なのに、そんな言葉が出てきてしまったので、「あ、やっぱり私は結婚には興味がないんだな」とわかりました。

パートナーに家庭に入ってほしい、家庭的でいてほしい、みたいな結婚観も合わないです。

結婚の条件

そもそも私、仕事をしていたい人なんです。だから、結婚をすることで家庭に入って社会との繋がりとか立ち位置が少なくなるとしたら、耐えられらない。だから、専業主婦にはなれないと思います。もし、めちゃくちゃ仕事が忙しい状態を維持できるなら、結婚してもいいなと思います。

あとはもう、すべてを許せるくらいめちゃくちゃイケメンだったらOKです(笑)。それでクズだったとしても、好みであればまぁいいか、と思えちゃうので。

占いでは2023年に素敵な出会いがあるはずでしたが、けっきょくなかったので、おひとりさまライフは当分のあいだ続きそうです。

Choice

クラウディア×矢沢あいコラボのウェディングドレス

めちゃくちゃかわいかったです。これを見た瞬間に結婚したいと思いました(笑)。

編集後記

本書をお読みいただき、ありがとうございます。

島崎さんがAKB48に在籍している頃、私は雑誌の編集をしていて取材現場に立ち会うことが何度かあったのですが、そのたびに、世間で言われている「塩対応」のイメージと違い、真摯に受け答えしている姿に強い印象を抱き、興味を惹かれるようになりました。そんな思いもあり、島崎さんの「素の姿」を世間に伝える本をつくりたいとオファーしたのが2022年末。それ以降、膨大な時間のインタビューや打ち合わせを重ねて、ご本人の言葉を極力そのまま生かした形で本としてまとめたのが『ぱるるのおひとりさま論』です。ちょっとブラックだったり、ロジカルだったりする島崎さんの言葉の数々、はっと気付かされる考え方などをお楽しみいただけたら、これ以上の喜びはありません。極力ご本人の話を忠実に再現し、余計な手を加えないよう心掛けましたが、島崎さんの「素の姿」が皆様にも届くことを願っております。

企画から完成まで、粘り強く本書の制作にお付き合いくださった島崎さん、スタッフの皆様、本当にありがとうございました。（編集担当D）

ぱるるの おひとりさま悩み相談 30!

OHITORISAMA CONSULTATION

Q1

職場などでもう少し仲の良い人間関係をつくりたいのですが、遠慮してしまい、なかなか話しかけられません。

前向き！

しんどい

遠慮してしまう＝**現状を変えたい**
であれば一歩踏み出す勇気が必要だし、
遠慮してしまう＝**無理をして努力**
なのであれば自分の心を第一に大切に。
でも、そもそも今のままで十分仕事ができているのであれば、無理に仲良くする必要もないと思いますよ。私は自分の立ち位置（ポジション）が仕事ごとに変わる職業なので、立ち位置によって振る舞いを変えています。

例えば、自分が食べ物になったと思ってください。ハンバーガー屋さんに来るお客さんは大多数がハンバーガーを求めに来ているので、自分がハンバーガーだったら絶対に美味しくなくてはならない。サイドメニューのポテトもハンバーガーとセットで買う人が多いので、自分がポテトならハンバーガーとの相性が良くないとならない。
ドリンクは、購入者がその日ハンバーガーと一緒に飲みたいものは何かで選ばれるので「絶対にコーラでしょ」みたいな〝支持者が多い人〟になりたいのか、黒烏龍茶みたいなサポートに回りたいのか考えてみる。

こんなふうに自分の決められた立ち位置や目指す関係性を考えてみると、遠慮というものから離れて人間関係を築いていくことができるのかなと思います。

Q2 気が乗らない誘いがあったら？

スルーしてしまう時もあるけど、スルーできない時は、「行きたかったです」「残念です」といった感情を入れてメッセージを

Q3 ぱるるが仲良くなれる人って、どんなタイプ？

やっほー♪みたいな**ギャルマインド持ってる人**としかそもそも話が始まらないです（笑）

Q4

逆に、仲良くなれない人は？

本心が見えない。
カッコつけの強がりさん

Q5

お金の不安はどうやって解消する？

保険や携帯料金の見直しだったり、不要なものはフリマサイトで売ってみたり

Q6 健康面が不安。いまから気をつけていることはある？

区が無料でやってくれる健康検査とか結構あるので、興味なくても行っちゃう！

Q7

「あー、ひとりでよかった！」と感じるときは？

アラームをかけずに誰からも起こされなかった時。

Q8

ひとりでできる気分転換でおススメは？

断捨離。

Q9

実家に帰るたびに「まだ結婚しないの？」と聞かれてうんざりする！

ファンの方に言われたことがあります。まじ余計なお世話！　って思うけど（笑）、その人にとって結婚＝幸せだから私におすすめしてくれたんだなって思うとありがたいなって思います

Q10
次に挑戦したい「ひとり○○」は？

二郎系ラーメン。

Q11　いちばんよく会う友達は？

この質問、**この世に生まれた時から苦手**（笑）！　1番会う友達誰ですかって、友達がそもそも沢山いる中での**セレクト**なので……。順位つけられるほど友達いないです（笑）

Q12
もし会社勤めだったら、職場の苦手な人と上手くやっていけそう？

私は全面的に顔に出てしまうタイプなので対戦モードになっちゃいます（笑）

Q13

そもそも友達のつくりかたがわかりません。

↓共通の趣味を持った人を探す。

人見知りな私でも、かき氷屋さんで出会ったお姉さんとかおじさんと普通にDMしたりします（笑）。

delicious

Q17

動物が
好きな人！

Q14

四十代になってから
急に寂しくなったら？

仲間を見つける（笑）。
ポケモンみたいで
楽しそう！

Q15

人目が気にならない
ようにするには？

私はそもそも人に好かれることがまず
なくて敵が多いタイプなので、最初か
ら人目を気にしなくていいんです。

**マイナススタート、
無敵です（笑）。**

Q16

ぶっちゃけクリスマスは
寂しい？

寂しくありません。
**1人でワンホールの
ケーキをカットせずに
直で食べるのが
幸せ**です。

「この人となら一緒にいたい！」
と思う条件を教えて。

Q18

二十歳の自分に
声をかけるなら？

**愛想振り撒いて
損はない**です（笑）。
出来ないし嫌いだと思うけど
努力してみて下さい。

Q19

愚痴を言うとき気を付けていることは？

愚痴を吐いて裏切られたことがあるので、録音されててもいいやってことしか言わない。

Q20

「ひとりよりもふたりが楽しいな」と思う瞬間は？

マリオカート。

Q21

SNS疲れしないコツが知りたい。

やめましょう

0秒で退会。

あれ、間違えて退会しちゃったのかな?って思わせたら勝ち。

Q22

入りたくもないLINEグループに入れられてうんざりしてます。

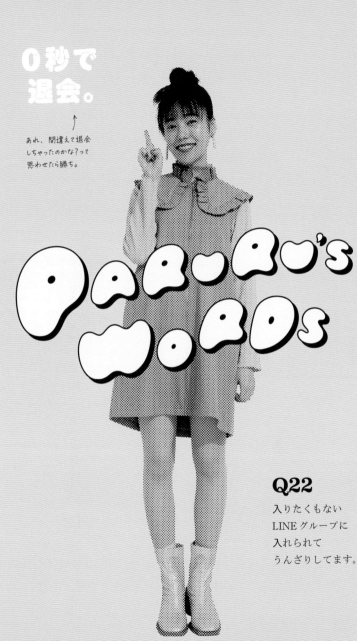

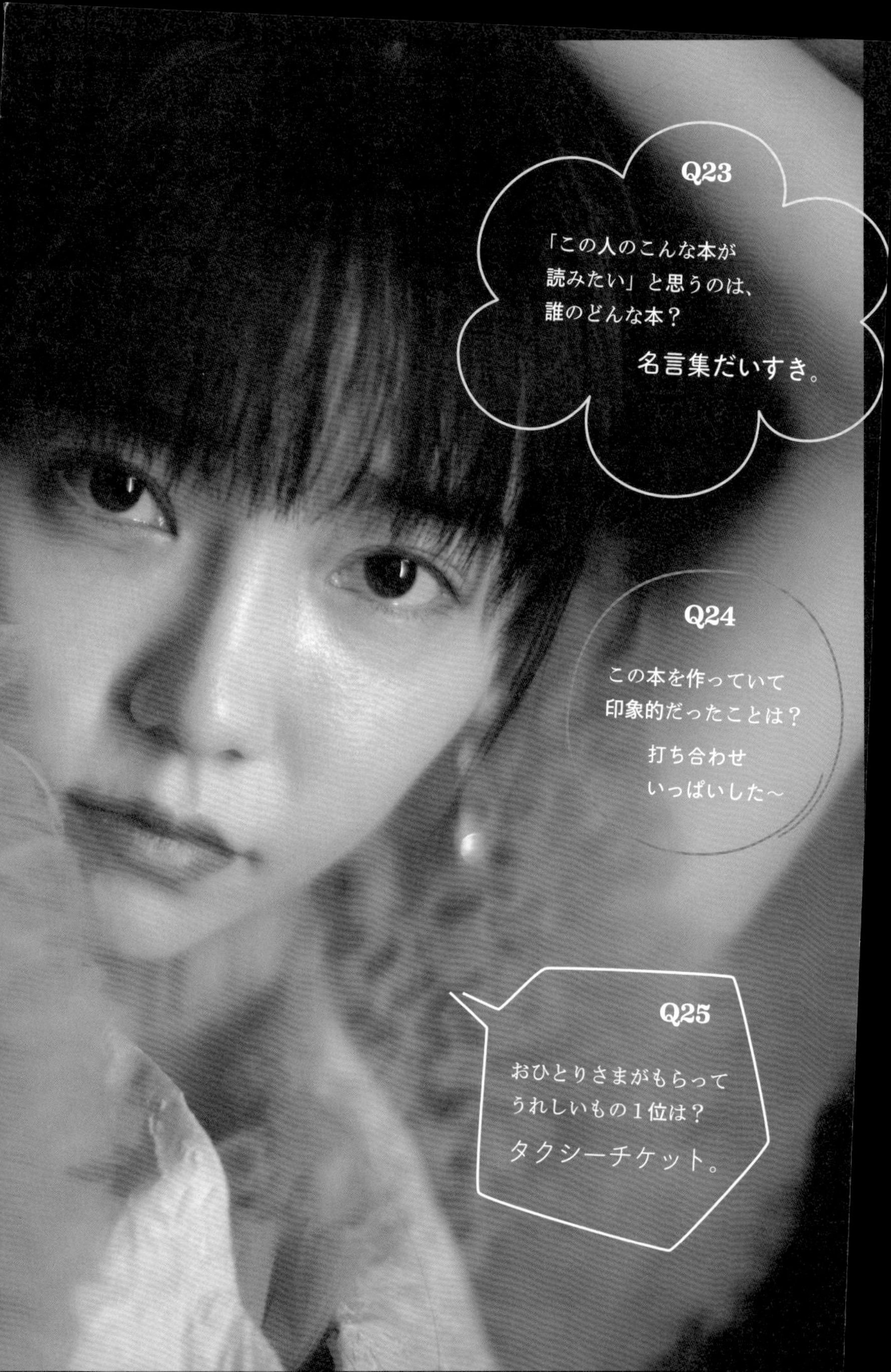

Q23

「この人のこんな本が
読みたい」と思うのは、
誰のどんな本？

名言集だいすき。

Q24

この本を作っていて
印象的だったことは？

打ち合わせ
いっぱいした～

Q25

おひとりさまがもらって
うれしいもの１位は？

タクシーチケット。

Q26

どんなときに
生きづらさを感じる？

理解されなかった時。
理解できなかった時。

Q27

番組で結婚式を体験してたけど、どの瞬間がいちばんテンションが上がった？

ケーキを食べた時

Q28

「結婚って大変そうだな」と
思うのはどんなとき？

思いやりの総量が
異なった時

Q29

ひとりで1ヶ月
お休みがもらえるとしたら？

1週目 → 家でぼーっとする
2週目 → 海外旅行
3週目 → 家でぼーっとする
4週目 → 国内旅行

Q30

ずばり30代の抱負を教えてください！

まだまだ人生、勉強中。

・・・ おわりに ・・・

最初に「本を出しませんか」と言われた時は、ただ自分の話をするだけだったら私じゃなくてもいいんじゃないかと思ったけど、テーマが「おひとりさま」だったので、それなら私でも伝えられることあるかな、と思ったんです。この本をきっかけに、おひとりさま仲間をたくさんつくりたいです。仲間をたくさんつくって、アリの集団みたいになって、敵たちを倒したい。敵というのは、自分の世界観を持つ人を小ばかにしたり、万人受けばっかり考えてるような人たちです。とにかくいっぱい打ち合わせをしましたね。30時間とか？　ここまでたくさん自分のことや考えを話した経験はないです。つくづくわかったのは、自分で納得しないと、私は「うん」とは言えないんだなということでした。結果、自分も含め、世の中って面倒くさいことで溢れているんだなって。「人生って、やっぱり面倒くせぇ」。
最後まで読んでくださって、
ありがとうございました。

人生って、
やっぱり
めんどくせぇ
ぱるる

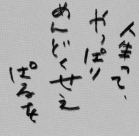

島崎遥香（しまざき・はるか）

1994年3月30日生まれ、埼玉県出身。A型。

アイドルグループ・AKB48の元メンバーで第9期生。愛称は“ぱるる”。

2016年にAKB48を卒業し、その後は俳優など幅広く活躍。

主な出演作に映画『劇場霊』（’15）、『翔んで埼玉』（’19）、『さかなのこ』（’22）、『凪の島』（’22）、ドラマ『ゆとりですがなにか』（’16）、連続テレビ小説『ひよっこ』（’17）、『ハレ婚』（’22）、『私のシてくれないフェロモン彼氏』（’22）などがある。

「おひとりさま」をテーマにしたバラエティー番組にも数多く出演している。

ぱるるのおひとりさま論《ろん》

2024年3月30日　第一刷発行

著　者　島崎遥香《しまざきはるか》
発行者　佐藤靖
発行所　大和《だいわ》書房
東京都文京区関口1-33-4　電話03（3203）4511
デザイン　APRON（植草可純、前田歩来）
撮　影　神戸健太郎
ヘアメイク　信沢Hitoshi
スタイリング　黒瀬結以
衣装協力　SISTER JANE／THE WALL SHOWROOM　03（5774）4001
HONEY MI HONEY（press@honey-mi-honey.com）
AUNTIE ROSA HOLIDAY（http://auntierosa.com/）
AIC.（http://auntierosa.com/）
Liquem（https://liquem.jp/）
マネージャー　松尾直子
編　集　出口翔
協　力　DÉGUSTATION（デギスタシオン）
印　刷　歩プロセス
製　本　ナショナル製本

ISBN978-4-479-39423-5
乱丁本・落丁本はお取り替えいたします
https://www.daiwashobo.co.jp/